www.ingramcontent.com/pod-product-compliance
Lightning Source LLC
LaVergne TN
LVHW041103150826
845673LV00007B/1906

* 9 7 8 9 9 4 8 7 5 8 0 9 9 *

اسْتَرِحْ أيُّهذا الطَّريدُ

محمد طايل

اسْتَرِحْ أيُّهذا الطَّريدُ

شعر

إصدارات دائرة الثقافة، حكومة الشارقة 2024 م

الناشر: دائرة الثقافة - حكومة الشارقة - الإمارات العربية المتحدة
الهاتف: 5123333 6 971+
البرّاق: 5123303 6 971+
الموقع الإليكتروني: www.sdc.gov.ae
البريد الإليكتروني: sdc@sdc.gov.ae

الطبعة الأولى 2024

811.962
ط م. ا طايل، محمد
استرح أيهذا الطريد / محمد طايل .-الشارقة، الإمارات العربية المتحدة : دائرة الثقافة، 2024.
136 ص. ؛ 21x14 سم.
1. الشعر العربي – مصر -دواوين وقصائد
أ. العنوان

ISBN: 978-9948-758-09-9

إهداءٌ

إلـــى الذيـــنَ صـادَفوا شــمْعَةً حالِمـــةً؛ فَصَانـــوا مُروءَتهم ولَمْ يتقمَّصُوا دَورَ الرِّيح.

تَقْدِمةٌ

ثمَّ أغنيةٌ في الطَّريقِ ستهزِمُ عينَك ساكِنةً

كَي تُفتِّشَ فِي بيتِها عَنْ حنينٍ أسيرٍ

وعاطفةٍ يأكُلُ اللَّيلُ مِنْ كفِّها

وفتاةٍ تُمشِّطُ شعرَ وعودِكَ ضاحكةً

وبِلادِكَ سائِلةً عَنْ غيابِكَ مُقْلَقةً

وزمانٍ لطِيفْ

ثمَّ أغنيةٌ سَوفَ تقلبُ أسفلتَ قَلْبِكَ رِيفْ

هارِباً نحوَها مِنْ عُيونِ الحقيقةِ

مِثلَ هروبِ الأشعَّةِ خلفَ التّلالِ البعيدةِ مِنْ عتمةِ الكائِناتِ

ومِثلَ عناقِ الغُصونِ لقطْرةِ غيمٍ

تُذكِّرُها بالرِّفاقِ الذين مضوا بعْدَ وطء الخَريفْ
تاركاً خلفَكَ النَّاسَ تَرْسُمُ أحزانَها فِي الهواءِ
وأنتَ الوحيدُ الكفيفْ
ثمَّ أغنيةٌ سوفَ تهزِمُ قلبَكَ
فابْكِ
فإنَّ بكاءَك وَحْشٌ أليفْ

1 | شجرٌ يغسلُ اصفرارَهُ

القرويُّ يضحكُ كلَّما مرَّ على عُشبةٍ تنخرُ جسد الأسفلتِ طيبةً خضراء؛ ولا تعلمُ بعدُ كيفَ يخشوشنُ العشبُ ويجرَحُ العابِرين.

أيُّهذا توقَّفْ

ريثَما تنْتَهي مِنْ مُصارَعةِ اليأسِ فِي صَرختَينْ

رَيثمَا تنتهي مِنْ فرار بَريءٍ

تحَارُ مسالِكُهُ بينَ مما وأينَ

سَوفَ أحْرُسُ سعيكَ نحوَ غدٍ صالحٍ لاختبارِ الحياةِ

كأنَّك مُثَّلج بالفراغِ

ومِثْلِيَ خُصلَةُ نَارٍ

تسلُّ الظِّلالَ مِن الكائِناتِ وترشقُها فِي المكانِ مُرَعَّشَةً

أنْتَ تَفْهَمُ معنى انضفارِ الخسَائِرِ في رأسِ عُمْرِكَ

معَنى طَراوةِ حَسِّك قُدَّامَ هَولِ الحياةِ المروِّعِ

معنَى انتصارِك فِي عَرْكَةٍ كان خصْمكَ فيهَا المحبَّةَ للعالَمِ الوغدِ

مغْنَى انتِظارِكَ شيئاً وقوفاً

يظنُّ انتظارَكَ هذا مجيئاً

ولكِنْ

بطيئـــاً قليلاً تحـــاولُ أنْ تتطوَّحَ فِـــي بِركَةٍ يتَشـــيطَنُ فيها تحدٍ عبوسٌ

قليلاً تحاولُ أنْ تمْسِكَ الخوفَ مِنْ ياقتَيْهِ

وتلقِيَهُ مِن نوافِذِ قلبِكَ

أنتَ قليلاً بطيئاً تحاولُ...

لكنَّني في الحقيقَةِ دوماً أبارِكُ سعيكَ نحوِ غدٍ صالحٍ

للمرورِ من العَملِ الجَلْدِ دون ندوبٍ على جبهَةِ النَّفسِ

أو للمرورِ بدون كمِينٍ بمنتَصفِ النَّومِ

يسلبُ حلمَكَ مِنْ سَردِهِ الحرِّ

ثمَّ يجرُّ تفاؤلَه خلفَ قَضبانِ ذِكرى معرشّةٍ في بَراءَةِ أمْسِكَ

أيُّهذَا المدثَّرُ بالحُزنِ لستَ وحيداً

ولستَ معَكْ

صَفَعاتُ الرِّياحِ التِي تتشهَّى رجوعكَ بعضَ خُطى

في الحقيقَةِ لن تصرَعَكْ

والطَّريقُ الَّتي اخْتَبَرَتْكَ مُسالِمَةً فِي المبادِئِ

كانَتْ سَراباً شَغوفاً بأن يَخدَعَكْ

والمصابيحُ

حِينَ أنارَتْ لَكَ الشَّوكَ والفَخَّ والعثَراتِ

أساءَتْ لفَخْرِكَ يا بنَ الطَّبيعَةِ

دُرْ شاقِياً فِي الدُّروبِ لأنَّ السَّلامةَ جالِبَةٌ أدمُعَكْ

السَّماءُ تحبُّ المغامِرَ حِينَ يُعفِّرُ أرياشَهُ بالسُّقوطِ

فكُنْ كالمغُامِرِ

رَفْرِفْ

فإنَّ دعاءَكَ لَنْ يَرْفَعَكْ

إنَّني أترَقَّبُ سَعيَكَ نحوَ غدٍ قَابلٍ للرّثاءِ بُعَيْدَ الرَّحيلِ

سَتُنْفِقُ عاماً لِكَيْ تشْتَرِي جوقةً

وتَحنُّ إلَيْهِ غِناءً

سَيُدْخِلُكَ اللَّيلُ حانَتَهُ

وتُنادِمُكَ الذِّكرياتُ بُكاءً

ستَرسُمُ فِي دفتَرِ اللَّيلِ فَيفاءَ مُقْمِرةً

ثمَّ تَقفزُ ذِئباً

يُموِّجُ حيرتَهُ فوقَ حُزنِ الجِبالِ عواءً

وأنْتَ تُنكِّسُ رايةَ صَمتِكَ

تَكْتُبُ عَنْ شَبعٍ بانتِصارِ الكَلامِ

وهذا انتَصارٌ يُربِّي العزاءَ

ولكنْ إذَا جاءَ هذَا الغدُ

لَنْ تُطبِّبَ أحلامَكَ المبتلاةَ يَدُ

ريثمَا تنتهِي مِن مراقَبتِي في المرايَا

وتشحَذُ قبضتَكَ الخائِرةْ

كَيْ تشجَّ محاكَاتِيَ الساخِرةْ

سأظلُّ أراقِبُ سعيكَ نحوَ غدٍ ناظرٍ لاعتذارِ الحياة

وَفَجْرٍ مُضيءِ التَّرَفْ

أيُّهذا توقَّفْ

فلَنْ تتهجَّى الحياةُ حروفَ الأسَفْ

أنتَ تَخْسَرُ

أعْرِفُ والفَجْرُ عنكَ أزَفْ

كَفْكِف الأغنياتِ الهدِيلةِ

هذِّبْ صُراخَكَ

وارمِ عويلَك في سلَّةِ

أنتَ مُحتَزِنٌ والجَمِيعُ عَرَفْ

أيُّهذا توقَّفْ وعِشْ مثلَ صَخْرٍ إذا شُقَّ في جَلَدٍ
شُقَّ مِنْ بَذرة تتفجَّرُ خضراءَ شاجرةً
لَا مِن اليأسِ حِينَ عَصَفْ.

لا يريدُ أن يغيِّرَ العالمَ

الذِي كانَ يهربُ مِنْ لَسعاتِ التجارِبِ
شبَّ طَريّاً
وقَدْ لَسَعْتُه الظِّلالْ

الذِي كَان يَسْرِقُ نارَ معارفِهِ مِنْ بصِيرةِ فكْرَتِهِ
تابَ في عَتْمَةِ الانعِزالْ

صَنَعَ الفُلْكَ للرِّفقاءِ

وحِينَ تَماثَلَ طُوفانُهُ هائِجاً؛ رَكَبوا أجْمَعِينَ

ولكنَّهَ ظلَّ فَرْداً وَحِيداً يراقِبُ أيدِيَهُم تتمطّى إليهِ

رَقِيباً يَعدُّ عَلى سُبْحَةِ الذِّكْرِ أسماءَهُم

ونَبيّاً تذوَّقَ طعمَ الضَّلالْ

ليسَ من فتيةِ الكهفِ

لكنَّ شمسَ الكآبةِ عَنْ نومِهِ

تتزاورُ ذاتَ اليمينِ وذاتَ الشّمالْ

تركَ النَّاسَ فِي حَربِهم يتداعُونَ

ثمَّ تقصَّى مآربَهُ فِي الطَّبيعةِ

أمَّ خرافَ مشاعرِهِ نحوَ عُشبٍ خصيبٍ

وعلَّقَ في صدْرِهِ وطناً مؤمناً

وتمنَّى من اللهِ حُلماً مُحالْ

ليسَ يرغَبُ منقصةً فِي مساوئِهِ

ليس يربو إلَى طَفْرةٍ فِي خلائِقِهِ

ليسَ إلَّا ارتِكابَ الجمَالْ

هو ليسَ شفِيفاً

ولكنَّهُ عابِرٌ في المرائِي خيالْ

لمْ يجدْ ظلَّه قربَهُ

فتجادَلَ ضوءان فيهِ أشدَّ جدالْ

حينَ يصْرُخُ؛ لَا يستجيبُ الصَّدى

إنَّ غيماً تلقَّفَ صرختَهُ

وأعدَّ بِهَا شِبهَ مائدةٍ لرُعودِ الجِبالْ

ولذَا كلَّما ضَاءَ برقٌ بعيدٌ؛ تحسَّسَ رَقْبتَهُ

وتلفَّتَ مِثلَ الذِي يترقَّبُ ظلَّ الإجابةِ دونَ سُطوعِ السؤالْ

جَالَ في قلبِهِ: لو فقطْ يَدَعُونَ مسَائِي وخاطِرَتي وشرودِي

ويعفونَني مِن فُروضِ الكمَالْ

سأكونُ سعيداً

وأركضُ مثلَ الفريسةِ نحوَ شروقِ المآلْ.

بخطوٍ عريضٍ وقلبٍ غلام

حِينَ تَلْمَحُ وجهَكَ مُبتَسِماً فِي زُجاجِ القِطارِ
وأنتُ تُفكِّرُ فِي البيتِ
كيفَ يُمرِّنُ أبوابَه أنْ تردَّ علَى طرْقِكَ اليومَ مازِحةً بالسَّلامْ

فِي نوافِذِهِ
حِينَ تُقْرِي خيالَكَ أنْ يشربَ اللَّيلَ حتَّى الصَّباحِ
ويقرأ في شَغَفِ الرِّيحِ أقصوصة
عَنْ عَواصِف مَا جَرحَتْ كِبرياءَ الحَمامْ

فِي سعادَةِ بيتِكَ حين تُرتِّبُ أمُّكَ أشياءَهُ اليومَ
تَنفضُ عَنْ ذِكرياتِ الأسرَّةِ وحشتَهَا بغناءٍ فَريحٍ
وتَسمَحُ للشَّمسِ أنْ تتَكسَّرَ في المزهريَّةِ
وهْيَ تُبلِّغُها بِتحايَا الغَمامْ

فِي أبيكَ يُسَابِقُ حِكْمَتَهُ
كَيْ يَعيشَ لأبنائِهِ ألفَ عَامٍ وعَامٍ وعَامْ

فِي ظـهِيرةِ جُمْعتِنا

وهْيَ تُرفو ظِلالَ الأخوَّةِ فِي ظلٍّ مائدَة

وهْيْ تربطُ ضحكاتِنا فِي صدَى عامرٍ

وهيْ تَرقُبُ غَيظَ الكآبَةِ مِنْ ألْفَةٍ في المُقَامْ

فِي فتَاتِكَ تائِهةً فِي فَيافِي الشُّرودِ

تُسامِرُ مقعدَكَ المترنِّحَ في وحْشةِ اللَّيلِ

وهْي تُهدْهِدُ أغْنِيةً للظَّلامْ

فِي بِلادِك حِينَ تُناديك باسمِكَ سائِلةً «كَيفَ حالُكَ»
وَهْيَ تخيطُ قَميصَ الكلامْ

حِينَ تُوقِظُكَ الصَّافِراتُ التِي تُذْبِلُ الحُلْمَ
سَوفَ تَعي
أنَّ رأسكَ قُنبَلةٌ تتفجَّرُ صامِتةً في ضَجيجِ الزّحامْ

كان لا بدَّ مِنْ عاصفٍ كَيْ تفكِّرَ فِي ملجأٍ غَيرَ هذِي الخِيامْ

هكذَا تعبرُ الطّرقاتِ بخَطوٍ عَريضٍ وقلبٍ غُلامْ

كان لا بدَّ أن تستريحَ مِن الدَّربِ

فانظُرْ وراءَك لا بأسَ

لكِنْ إذَا حانَ صَحْوُكَ كُنْ حازِماً

اطْرُقِ البابَ في هدأةٍ

واكْتُب اسْمَكَ في حائِطِ الدَّرْبِ

ثمَّ التَفِت للأمامِ

وقُلْ للطَّريقِ:

قِيامْ!

غفوةٌ للرِّيح المسافِرة

هذَا أنَا يا بِلادِي نِصفُ مُنْغَمِسٍ

ونِصْفُ فَجْرٍ على الأبوابِ مُحْتَرِسِ

لأنَّ دَنْدَنَةَ الأشْجَارِ عَنْ سَفَرٍ

وسِيرَةَ النَّهْرِ سَالَتْ مِنْ فَمِ اليَبَسِ

ما عُدتُ أقْوَى عَلى قَلْبِي!

فألْسُنُهُ

تُضيءُ فِي الحُزْنِ مشْكَاةً من الخَرَسِ

ألقَيْتُ سَيفِي رَضِيّاً ذاتَ مَعْرَكَةٍ
ورُحْتُ أطعْمُ عُشْبَ النَّهْرِ للفرَسِ

قَبَّلْتُ كُلَّ دُموعِ الطَّيرِ مُعْتَذِراً
عَنْ سَطْوَةِ الخوفِ مِنْ صيَّادِهِ الشَّرِسِ

آمَنْتُ أنَّي بمَرمَى الرِّيحِ سارِيةٌ
وأنَّ ظلِّيَ رَاياتٌ لمنْتَكِسِ

سأُقْبِلُ الآنَ نحوَ البيتِ في فَرحٍ
منديّاً قبضةَ الأبوابِ بالنَّفَسِ

رضِيتُ بِي ساكِناً فِي ليلِ نافِذةٍ
حيثُ المكانُ طريحٌ فِي أسَى سَلِسِ

لا بأسَ بالشُعلَةِ الحمراءِ مُلتجأً
يا طالَما التجأَ الحزنانُ للقَبَسِ

أرى حَياتِيَ تَتْرَى فِي شَرارَتِها
كأنَّها واردِاتٌ بالفتَى النَّعِسِ

أنَا وحِيدٌ وحُلْمِي لا أرَدِّدُهُ
لا فِي نَهارِي ولا فِي وَحْشَةِ العَسَسِ

كَيْ لا أصِيرَ ثقيلاً فِي حقِيبَتِهِ
ولا يملَّ من التّكرارِ أوْ هَوَسِي

هذا أنَا يا بِلادِي قَشّةٌ سَقَطتْ

من عُشِّ عصفورةٍ عطشَى لمنبَجِسِ

فلتقبلينِي شُعاعاً ملءُ حسْرَتِه

أنْ لَمْ يَجِدْ في المرائِي شِبرَ منعَكَسِ

كانَ فتىً زهراً

أهلاً بِكفَّيكِ

أغفُو فَوقَ غُصنِهِما

مُبرّأً مِنْ حكَايَا البردِ والهَجْرِ

أتيتُ مِنْ أوَّلِ الأحلامِ

لَا وطنٌ

إلَّا وأجَّلَ حُلْمِي آخَرَ الدَّورِ

ثمَّ اعتِذارٌ مِنَ الأيَّامِ مُرْتَقَبٌ

ثمَّ انتظارٌ يشيخُ الآنَ فِي عُمْرِي

صَمْتٌ يذوبُ علَى وجهِي

كعاطِفةٍ

تضِيءُ دمعَ شُجيراتٍ علَى الجَمْرِ

والنَّاسُ حولِي دُمىً حَيرى

يحرِّكُها

خَيطُ حزينٌ عن الغَاياتِ لا يَدْرِي

سَقطتُ مِنْ أفُقِ الغاياتِ
مكتَئِباً
فعانِقينِي عناقَ الرَّأسِ للسُّكرِ

هذَا الزَّمانُ مُلامٌ يَا رَفيقَةُ
ما قَال اعْتَنِقْ طُرُقِي
إلَّا عَلَى العُسْرِ

لكِ الطُّيورُ التِي رَفَّتْ لَباخِرَةٍ
تجرَّعَتْ مِنْ ضَبابٍ ساخِرٍ مُزْرِي

ولِي حكايَةُ طَيرٍ

ظلَّ مؤْتَمِناً غُصناً عجوزاً

سَيهْوي مِنْ نَدَى الفَجْرِ

فَسامحِي أمْسِيَ الجبَّارَ كَانَ فَتى

زَهراً يطالِعُ تأريخاً عَنْ الزَّهْرِ

إذْ خَوفَ أنْ يَقْطِفَ الأغرابُ أجْمَلَهُ

ما قصَّ للرِّيحِ شيئاً عَنْ رؤَى العْطرِ

لقدَ تعلَّمَ أنَّ الشَّوكَ صَاحِبُهُ
وللصِّحابِ تَماماً مُطْلَقُ الشُّكْرِ

فسَامِحِيهِ إذَا ضلَّ السَّلامُ بِهِ
مُسْلسلاً فرَّ مِنْ أسْرٍ إلَى أسْرِ

ثمَّ من يتخوَّفُ نارَ الجبالِ

كان يحبُّ القراءَةَ فِي كلِّ شيءٍ
إلَى أنْ غدَا ورَقاً طائراً فِي يدِ الرِّيحِ
تكتُبُ فيهِ الطُّيورُ قصائدَ عَنْ طلَلٍ شجريٍّ وتَبْكِي
وتَرسُمُ فِيهِ الغُيومُ نوافِذَ لامِعةً بالعيونِ السَّعيدَةِ
والرِّيحُ فِي مُنتهاهَ تُوقِّعُ رائِحةً مِنْ بِلادٍ مُؤمَّلةٍ مُسْتَحِيلةْ

كَانَ طيراً يعجُّ الخميلُ بِهِ
صَارَ ريشاً يُلومُ هويَّتَهُ فِي تُرابِ الخمِيلةْ

كَانَ يعْرِفُ أنَّ الزَّمانَ قصيرٌ علَى حُلمِهِ
والبلاد عَلَى كاهِلِ العاشِقينَ عليلَةْ

لافتِاتِ الحياةِ استريحِي
رأيتُ المسافِرَ مزَّقَ خارطِةَ اللَّيلِ
ألقى حقائِبَهُ مُتخَماتٍ
وكسَّرَ فَوقَ جبينِ الطَّريقِ دليلَهْ

ثمَّ من يتخوَّفُ نارَ الجبالِ
فلَنْ يشتهي قبساً فِي الظَّلامِ
سيبْقَى إلى جانِبِ الأهلِ فِي هدأةٍ
وتصيرُ النَّبوءَةُ مِنْ غدِها مُسْتَقِيلةْ

ثمَّ بئرٌ ستصرَعُ يوسفَهُا قَبْلَ أنْ يتحسَّسَ نِيلَهْ

لا يريدُ أمانِيَ مرهقةً بالكَمالِ
ولا حُلُماً راشداً أو حياةً جَلِيْلَةْ

اتركِي وطناً فِي الطَّريقِ لَهُ

حِين يندَهُ مُستسلماً باسمِهِ يتراءَى لهُ

فاتركِي لَهْ

2 أنَا ابنُكَ يا وطَنِي افْتَحِ البابَ!

سأعلِّمُ الغُصنَ أنَّ الأرْضَ هي الوطَن الحقيقيّ، لأنَّـه إذا انكسَرَ

لن تُعيدَه الشَّجَرة،

لكنَّ الأرْضَ ستحْتَضِنُه

حتَّى يصيرَ شَجَرَة.

منفىً وطنيٌّ لصيَّادٍ متعبٍ

يَقُــولُ الشَّــيخُ: إنَّ الفَجْــرَ جَاءَ
وألْقَــى فَــوقَ أنجُمِــهِ الــرِّداءَ

وحيَّتْهُ السَّــحائِبُ حِيــنَ صَلَّى
إمِامــاً للمواقِيــتِ ابْتِــداءَ

أدَارَتْ غيمَــةٌ كأســاً شَــهِيّاً
ونادَمَت الصّحَــارَى الارْتِواءَ

ومِــنْ فَــرْطِ المحبَّــةِ إنَّ رَمْلاً
ســيَجْذِبُ في جنازَتِــهِ الظِّماءَ

تمامًــاً مِثلَمَــا أجْبَــرْتُ حُزْنِي
بــأنْ يغْـدُو عَلَى رئَتــي هَواءَ

عَلَى سَــفَرٍ إلَى ما لَسْتُ أدْرِي
ولَسْــتُ أرِيدُ فِي سَفَرِي اهْتداءَ

أحبُّـكِ لَـمْ أكُـنْ إلَّا نَبيّـاً
يَـراكِ الوَحْيَ والغَـارَ الحِراءَ

سَــلاماً يَــا بَـلادِي إنَّ قَلْبِــي
يُـؤذِّنُ هَـلْ أجَبْـتِ لَهُ نِـداءَ؟

وإذْ هـذِي المآذِنُ فِي ضُلوعِي
تئِـنُّ ومـا ألفـتُ لَهَـا بُـكاءَ

لَكِ الضَّوءُ الذِي كسَــرَ المرَايَا
ولِــي ظِـلٌّ يُربِّــي الكِبْرِيـاءَ

كأنِّــي في بَراحِكِ سِــرْبُ طَيْرٍ
يهِيــمُ ولــم يَجـد إلَّا الشَّــتاءَ

إذا كَانَ ابْتلائِــي منــكِ مُــرّاً
فمَــا أحــلاهُ يَــا بَلَــدِي ابْتــلاءَ

ولَــنْ آسَــى فُــربَّ غَــدٍ قريبٍ
سيُنْشِــي بيــن ضدَّينــا الإخاءَ

وهأنــذا أحبُّــكِ مِثــلَ فــأسٍ
أبَــتْ أنْ تقْطعَ الشَّــجرَ انتِماءَ

غفَا طِفْلِي وشَــابِي واشْــتِيابِي
ونَامــوا فــي ظِلالِــكِ أصْدِقَاءَ

خُذِينِي إنَّ لِي عَينينِ مُخضرَّتينِ
لــتَــزْرعِــي بـهـمـا الإبـــاءَ

وقَلْبِــي أزْرَقٌ صَــافٍ شَــهيٌّ
يسَــرٌّ بــأنْ يَصِيرَ لَكِ السَّــماءَ

وإنْ لَمْ تقْبَلِي بِي ســوفُ أُحْنِي
ودَاعــاً لَا أســمِّيهِ انْحِنــاءَ

وأرْحَــلُ فِــي خلودٍ شَــاعِريٍّ
وأُوْدِعُنِــي بِأرْضِــكِ مُومِيــاءَ

مَعِي قَمرٌ صَغِيـرٌ دِفـء جَيْبِي
إذَا أسْـرَفْتُ فِي سَفَرِي تَراءَى

يُشِـيرُ إلَـيَّ أنْ أروي حَنِينِـي
مِـنَ النَّبْـعِ الذِي يُدْعَـى الغِنَاءَ

ألا دَعْ عنِّـي المغْنَـى فصوتِي
نعِيسٌ يُشْـبِهُ الصَّـوتَ المواءَ

وهَاتِ النَّـايَ فَهْوَ يَحِـنُّ مِثْلِي
كَلانَـا يَرْقُـبُ الزَّمَنَ الـورَاءَ

زمَانُـهُ قَبْـلَ أنْ تعـدو فؤوسٌ
زَمَانِـي قَبْـلَ أنْ ألِـجَ الفَضَاءَ

أظــلُّ أريــدُ أنْ أحْيَــا طَوِيــلاً
كَمَــا لــوْ كَنــتُ لــمْ آلَــفْ بَقَاءَ

كمَــا لــو أنَّنِــي صَخْــرٌ رَقيقٌ
ويؤمِــنُ أنَّــهُ سَــيَثُورُ مَــاءَ

كمَــا لــو أنَّنــي أطْبَقْــتُ جَفْنِي
علَــى وطنِي وصِرْتُ لَهُ وِعاءَ

أظــلُّ أصِيدُ فِي غابَــاتِ حُلْمِي
وصَــدْرِي مِثْــلَ مَجْمَرةٍ أضَاءَ

كَسَــرْتُ القَــوسَ تهْدِئــةً لِقَلْبِي
وإذْ بِحمامَــةٍ تَدْنــو احْتِفــاءَ

تنائـــي! لِـــي مِشـــيئاتٌ بِقَلْبِـــي
ومـــا لِي في الغَريزَةِ أنْ أشَـــاءَ

تنائِـــي! ليـــسَ بِـــي شَـــرٌ ولكِنَّ
بَعْـــضَ الشَـــرِّ يبـــدو لِـــي بَراءَ

سَـــيقْضِمُ ظفْـــرَهُ نَسْـــرٌ مَهيـــبٌ
وليـــسَ يَطِيـــرُ حولَـــكِ ببَّغَـــاءَ

فَما رُويـــتْ بِقولِي واشْـــرأبَّتْ
إلَـــى عَيْنِـــي كمَنْ يُلْقِـــي الدِّلاءَ

وضمَّتْنِـــي كأنّـــي مَحْضُ عُشٍّ
تـــؤوبُ إلِيـــه مُرْهَقَـــةً مسَـــاءَ

فنَامِــي لَا أريــدُكِ أنْ تفُــورِي

علَــى المِقــلاةِ فِي ليلِي شــواءَ

تَرانِــي عُشَّــكِ الأعلَــى وإنِّي

وددتُ أراكِ فِي جَوْفِي حَســاءَ

ولكنّي شَــبيهُكِ فِــي الهَوى لِي

بِــلادٌ طُفْتُهــا طَيْــراً حُــدَاءَ

لعــلَّ رِياحَهَا تَشْــتَاقُ رِيشِــي

وعــلَّ عيُونَهــا تَهْفُــو لِقَــاءَ

شعاعٌ يحنُّ إلى شمسِهِ

تَفرِّينَ مِنْ يَقْظَتِي لِنعُاسِي
فِرارَ بَرِيقٍ علَى خدٍّ كاسِي

مَضَيْتُ زَماناً
ولا زِلْتُ أمْسَحُ دمعَ السَّفينَةِ
فَوقَ المراسِي

ويَتْبَعُنِي التِّيهُ مُسْتَرشِداً
ولَسْتُ نَبيّاً ولَسْتُ سياسِي

أنَا حَاطِبُ الحزن يا بلَدِي

تَعِبْتُ ومَا صَدَّقَتْنيَ فَاسِي

شِربْتُ سماءَكِ نجماً فنجْماً

ومن خَمْرِ نِيلِكِ صِرْتُ نُواسِي

ألَسْتُ أُهَيْلاً لأنْ ترسلي

إلى قَلْبِيَ الهَشِّ مَا لا أقُاسِي؟

كأنّكِ والرِّيحُ عاصِفَةٌ
نَخِيلٌ يكفِّرُ دينَ الغِراسِ

غَزالٌ عَوَى فاستدَارَ أسىً
ليَمْحُو خُطاهُ ويغْدُو افْتِراسِي

فِعالِي بِغَيْرِي مُنصَّصَةٌ
كأنَّ حَياتِيَ مَحْضُ اقْتِباسِ

يُجادِلُني كِبرِيائِيَ فِيكِ

وإنِّي فتَى جَبَلِيٌّ المِراسِ

يَقولُ لِيَ: ارْحَلْ

ولَا تَرْسُمِ النَّبْعَ فَوقَ الرِّمالِ لِقاءَ انْبِجَاسِ

بلَادُك مَحْبُوبَةُ الصائِدِينَ

فَلا تَأمَلِ العُشْبَ دُونَ احْتراسِ

بِلادُك حدَّادَةٌ

لَا تُفَرِّقُ بَيْنَ الذُّهَيْبِ وبَيْنَ النّحاسِ

أنَا نَرْجَسِيُّ الهَوَى

لَيسَ عِنْدِي لوَرْدَةِ حُبِّي احْتَمالُ جِناسِ

حَرامٌ إذَا خُضْتُ بَحْرَكِ يوماً

وغَرْقَانَ

طَالَبْتُ أيَّ يَباسِ

أحبُّكِ، لمْ أسْأمِ الحبَّ لكنْ
سَئِمْتُ من الرَّكْضِ خلفَ المآسِي

فَليتَ بِلادِيَ تَقْسو بعطفٍ
ولَيتَ لَها منْطِقاً فتواسِي!

مَددٌ من غَمامَةِ اللهِ

أمَّنتُ باسمِكِ فجراً خائِفاً شَرِدَا

فليُفْتَحِ البابُ،

وادْخُلْ هانِئاً غَرِدَا

هذِّبْ خطاكَ

وخُذْ من عَينِها قبساً ينسِيكَ من رحلَةِ الأزمَانِ

ما بَرَدَا

أرِحْ رِيـاحَكَ مِن رَوْحِ الحنِينِ،

وذُبْ فِــي رِيـحِهَا؛

سيُلاقِي الدَّرْبُ ما فقَدَا

مِـنْ أجْلِهَا هَـجَرَ الـقُصَّادُ مَـوطِنَهُمْ
وهْيَ التي في الحكَايَا خَيرُ مَا قُصِدَا

مِصْرُ التِي إنْ أضَاءَتْ في المدَى يدَها
كلُّ الـبلاد تُـمنَّتْ أنْ تَكونَ مدى

يـا مِصْرُ!
يَـا بَذْرَةَ التَّاريخِ!
منْكِ دَنَتْ غَمامَةُ اللهِ حـتَّى تُـلْقِيَ المددَا

فِـي سِـدْرَةِ المنتَهَى النَّيلُ الشَّهِيُّ رأى
حُلْماً لأرضٍ حنونٍ تُنبِتُ الشُّهدَا

مُسافِراً من سماءِ اللهِ
ليسَ لهُ من زادِهِ غيرُ رؤياه التِي شهدا

جَرَى مصاباً بأحلامٍ وأخْيلَةٍ
وعندَما جاءَ صِرتِ السِّدرَةَ البلدَا

يَــا حــظَّ أرْضِكِ مِنْ خَطْوِ النَّبِيِّ
ومِنْ آلِ الــنَّبيِّ
ومِــنْ نِـيلٍ جـرَى رغَدَا

ممّا سأغْترفُ المعنى
ومَا تَرَكَ العُشَّاقُ لِي قَطْرَةً في البَحْرِ
أوْ زَبَدا!

لَكِنَّني شاعِرٌ لَمْ يَأبَ أغْنِيَةً

حتَّى وإنْ سَاقَهَا في الكَوْنِ ألْفُ صَدَى

هذَا غِنائِي

سَحابٌ أبْيَضٌ

عَبَرَ اللَّيلَ الطَّوِيلَ ولَمْ يُثْقِلْ بِهِ أحَدَا

وأنْتِ مأوَى غِنائِي

واخْضِرارُ خَيالِي،

واشْتِعالُ حُروفِي فِي الظَّلامِ هُدَى

كَمْ حالِمٍ طَافَ فِي أحْيائِكِ،

اتَّقَدَتْ أحْلامُهُ

وهْيَ منْ قَبْلِ اهْتِداكِ سُدَى

كَمْ رَاحِلٍ عَنْ ليالِيكِ الحَنونَةِ

عدَّ العمرَ منْقَصةً ما دَامَ مُبْتَعِدَا

وكَمْ شَكِيٍّ

إذَا مَسَّتْ رِياحُكِ جُرْحاً مَا بغُرْبَتِهِ،

أمْسَى بِهَا زَهِدَا

يَودُّ كُلُّ غَريبٍ لَوْ يَصِيرُ أهَيلاً فِي حِماكِ
وأنْ تَرْضي بِهِ عَضُدَا

فَخْرُ الخَلائِقِ مَسْنُودٌ بمكْرُمَةٍ
وفَخْرُ شَعْبِكِ أنْ كانُوا لَكِ السَّنَدَا

حُمِّلْتُ مِنْ كلِّ أسْلافِي السَّلامَ إلِيْكِ أخْضَراً،
فسَلاماً أخْضراً أبدَا.

البيت

مِنْ كثْرَةِ ما ألِفَ البيتُ طرْقَ أهلِهِ العائدين على البابِ، صارَ كُلَّما أطالوا الغِيابَ عنهُ؛ يسقِطُ مِنْ سقفِهِ حجَراً إثْرَ حجرٍ، كأنَّهُ ينتَظِرُ أن يفْتَحَ لَهُ.

لَمْ يَكُن عارِفاً
أنَّ رِيشَ الهَواءِ الودِيعِ
يَنوحُ علَى طَيْرِهِ الغائِبِ

لَم يَكُن عارِفاً
أنَّ هذَا الشُّعاعَ عَلَى سَفَرٍ حَالِمٍ
ثمَّ عَيْنٌ تُقدِّسُهُ
ثمَّ عَيْنٌ تَسمِّيه لا شيءَ غَير سُدَىً خائِبِ

لم يَكُنْ عَارِفاً

أنَّ مِنْ طولِ ما حدَّقَ البَحْرُ مُلْتَمِعاً فِي السَّماءِ

غَدَا أزْرقاً

أنَّ نَهْراً تحدَّرَ مِنْ غَيْمَةٍ

حِينَ طافَ الحنينُ بِهِ للسَّماءِ

رَمَى ذَاتَهُ بمدَى البَحْرِ مِثْلَ نَدَى ذَائِبِ

رُغم ذَلَكَ سَافَرَ لا نَاظِراً خَلْفَهُ

حُزْنُهُ كَانَ مُنْحَنِياً في الوداعِ

وعَيناهُ لمْ ترْمِشَا كَيْ تظلَّ الدُّموعُ مُعلَّقَة

كان صَوْتُ رِياحِ الوطَنْ
يتسَرْبَلُ تِلكَ الأغَانِي التِي لا تُغادِرُ رأساً
إلَى أنْ يهوِّدَهَا تَعَبٌ نَاعِسيٌّ
وعمرٌ سَيُفْضِي إلَى حُلْمِهِ النَّاهِبِ

فإلَى أينَ تَمْضِي بقُفْلِكَ يا أيُّهَا البيتُ؟
بل أيْن تَمْضِي ببيتِكَ يا أيُّها القُفْلُ؟
إنَّ المفاتِيحَ مخنوقةٌ في الحَقيبَةْ
والحقِيبَةُ مخنوقَةٌ في الخزَانَةْ
والخزانَة في البيت
والبيتُ تاهَ بِلا جِهَةٍ
في تَتبُّعِ مفتاحِهِ الهارِبِ.

3 | لَيْلٌ مُغْمَضُ الأحْلامِ

تَحلمُ القشَّةُ أن تَصيرَ عُشبَةً، وتحلُم العُشْبَةُ أن تصيرَ وردَةً،

والوردَةُ تمنَّتْ لو أنَّها نخلَةً،

ورُغْمَ أحْلامِ الطمأنينةِ إلَّا أنّه لا فِرارَ من مِنْجَلِ الإنسان.

النَّدِيمُ الصامِتُ

ماذَا عن هؤلاءِ الذين يتفقّدون قلبَك الفارغَ المغبّرَ وينظّفُونَه لا لشيءٍ، سوى أن يجعلوهُ مخزنَ هُمومِهم الفائضة؟

رِفقاً بِليلٍ وَدِيعٍ بَعْدُ لَمْ ينَمِ
ساهَرْتُهُ وسَخِرْنَا مِنْ خُطَى العتَمِ

نَادَمْتُهُ بحَنينٍ ملؤُهُ تَعَبٌ
وذِكْرياتِ زمَانٍ غاصَ فِي العدَمِ

كأنَّهُ شيْخُ هذَا الكونِ
مَسْمَعُهُ النَّجْماتُ
يُنْصِتُ للنُّدْمانِ في كَرَمِ

فِي لَحْظَةٍ مِنْ سُطوعِ العُمْرِ صِرْتُ أباً
ولَمْ أزَلْ بعْدُ طِفلاً أقْتَفِي حُلُمِي

مَا قلْتُ لَا لطَرِيقٍ كدَّرَتْ نَهَرِي
وللَّتِي أمْطَرَتْنِي لمْ أقُلْ نَعَمِ

إنَّ الطَّرِيقَ تَدلُّ المرهَقِينَ

وكَمْ تَلْقَى خُطَى ناعِماتٌ بَسْمَةَ اللغَمِ

هذَا الزمَّانُ

وهذَا الدَّورُ

ثمَّ غَدٌ

يجْرِي إلَى غَدِهِ فِي غِير مُخْتَتَمِ

وكَيْ أعِيشَ طويلاً فِي مُخيِّلَتِي

وَهَبْتُ مَا فَاتَ مِنْ عُمْرِي إلَى قَلَمِي

وَلَنْ ترَانِي بِلادي مِلءَ بهْجَتِها
وَلَا أراهَا سِوَى ضَوءٍ عَلَى قِمَمِ

بِي كائِناتٌ تُربِّي حِسَّها قصصاً
ومَا رويتُ لذئْبِي قصَّةَ الغَنَمِ

لمعْتُ كلَّ شُعاعٍ قَرَّ في دَمِها
وقُلْتُ للقَلْبِ هذَا الحُزْن فاحْتَرِمِ

لا تُمْسِكِ القَوسَ،

لا تُرْبِكْ سَكِينَتَهُ

فإنَّ حُزْنِي حَمامٌ نَامَ فِي حرَمِي

وحينَ نوَّرْتُ شُبَّاكَ الخيالِ رمَانِي

الواقِعيُّون، قُلتُ: الآنَ فابْتَسمِ

لا تَمْتَعِضْ وارْضَ، غُضَّ، امضِ، افْتَرِسْ

وتبرَّأْ منْ رِهابِك، واكْسَرْ هُدْنَةَ النَّدَمِ

فلَا تظنّكَ قَوسٌ لَسْتَ مجْتَرِئاً
ولَا يظنّكَ طَيرٌ لسْتَ ذِي رَحِمِ

هذَا كَيانِيَ يا ليلِيَ، فَزِدهُ أسَىً
وإنْ سألْتُ: ألَمْ تَقْنَعْ: أجِبْ: بلَمِ

صَوتٌ خافِتٌ مِنَ الرُّوحِ

قال الذِّئْبُ: عجِيبٌ ألَّا يَكونَ للْخِرافِ
راعٍ يحرسُهَا، إلَّا الإنْسَان.

لَا تَنَمِ الآنَ! بَعْضُ مَنْ نَامَا
قَالَ: المسَا لَا يُقِلُّ أحْلَامَا

الذِّكْرياتُ اشَتَدَّتْ سَواعِدُهَا
وشَمَّرَ الحُزْنُ فيكَ أكْمَامَا

وقَلْبُكَ الطَّائِي فِي مَشاعِرِهِ
فهْوَ الذي لَمْ يَرُدَّ آلامَا

وأنْتَ راعٍ والعُشْبُ مَوطنُهُ

والخَلْقُ صَاروا نَاباً وأقدَامَا

وكَيْفَ تَحْيَا الرُّعَاةُ في زَمَنٍ

تَعِيشُ فِيهِ الرُّعَاةُ أغْنَامَا

رغْبَةٌ فِي الهدوء صَارِخَة

لا زِلْـتُ رَحَّالاً ولَسْـتُ بِعائِدِ
فكأنَّنِـــي طُعـمٌ بِمِشْـبَكِ صَائِدِ

القَصْدُ مَجْهُـولٌ أمَامَ بَصِيرَتِي
وَورائِيَ المجهُولُ ألفُ مُطارِد

سَـمَّتْنِي الطُّرقَاتُ لَيـلَ مَتاهَةٍ
مِنْ يَـومِ إعْلانِي بأنِّي قاصِدِي

كَمْ مرَّةٍ أخَّرْتُنِـي عَنْ مَوعِدِي
وأتيـتُ أنبِئُنِـي بُعـذْرِ هَداهِدِ

وأنَـا أغنِّي ثُمَّ أسْـمَعُنِي صَدَى
كَصِيـاحِ مَفْقُـودٍ لِصَيْحَةِ واجِدِ

فلْتُعطِنِــي يــا ربُّ يومــاً هادِئاً
يومــاً قَصِيــراً مِثْــلَ يَــومٍ آبدِ

أحْتَاجُ جَفْناً مُسْــرِفاً فِي بَسْطِهِ
لَا باسِــطاً فِي اللَّيلِ مِثلَ الزَّاهِدِ

ومَنــامَ طِفْلٍ وارْتِخاءَ سَــحَابَةٍ
وشُــعَاعَ قِنْدِيــلٍ بِخَلــوْةِ عابِــدِ

وبَــراءَةً تَكْفِي لِأدْمَــعَ ضاحِكاً
وقَصِيدَةً تَكْفــي لِتُوقِفَ جالِدِي

وســرورَ صَحْراءٍ بنَبْعٍ صَادِقٍ
وسُــكُونَ خيْمَــاتٍ بطرقَةِ واتِدِ

وسَــلامَ أشْــجَارٍ بِتَوْبَةِ حاطِبٍ

ومِــزاجَ غِــزْلانٍ بِخَيْبَــةِ لابِدِ

أحْتَــاجُ قَانُونــاً يُنَظِّمُ عيشَــتِي

حتَّــى أُكَسِّــرَهُ بِقَلْــبٍ جَامِــدِ

لَكِنَّــه لَيــلٌ طَوِيــلٌ ذُو يَــدٍ

لَيسَــتْ تُطَبْطِبُ بَل تُسَلُّ كَناقِدِ

تَهَــبُ الحَيــاةُ دقائقــاً لِسَــنَابِلٍ

وتَسُــوقُ أزْمِنَةً لكَــفِّ الحاصِدِ

إنْ تُعْطِ يَا غَدُ حَظْوَتَين لِمنْجَلٍ

فأنَا السَّــنَابِلُ والمناجِلُ يَا غَدِي

وأنَا المصَابُ برَهْفَةٍ فِي أضْلُعي
أرْجُو السَّلامَةَ مِنْ زِيارَةِ بَارِدِ

الـكلُّ مُـدَّرِعٌ وَراءَ قِناعِـهِ
حتَّى السُّيوفُ تَصادَمَتْ بغَوامِدِ

قَلْبِـي سـيَصْفو للحَيـاةِ لأنَّـه
نَبْـعٌ قَدِيـمٌ زاهـدٌ عـن وَارِدِ

لو لِي حيَـاةٌ بَعْدَ عُمْـرٍ حافِلٍ،
لا أغْتَـدِي فِيهَـا بَقيـدِ أوابِـدِ

سـأصِيرُ بَرْقـاً فَاتِناً فِـي هدأةٍ
أعَرَفْتَ بَرْقاً دُونَ صَوْتٍ راعِدِ؟

أخضر ظامئٌ

تَرْوي الحكَايَةَ لَو تشَا أرْوِي أنَا
سِيَّانِ عِنْدِي مَا هُناكَ ومَا هُنَا

فَجْرٌ دَنَا
ولَهُ مَدَدْنَا باعَنَا
لَكِنَّهُ شَعَّ الظِّلالَ وباعَنَا

اليوم يَعْنِينَا الزَّمانُ بِوَعْدِهِ
وغداً إذَا عِشْنَا سيُقْسِمُ مَا عَنَى

الأغْنِياتُ معَ السُّرورِ قَلِيلةٌ
وكَثِيرةٌ هِي فِي اجْتِلابِ مَحازِنَا

الكأسُ لَمْ تُمْسِكْ بأيِّ قُطَيْرَةٍ
تُمْلا وتُفْرَغُ يَا نَدِيمُ مِثالَنَا

حُزْنِي السَجِينُ جَنَى بِقَلْبِي ثَرْوَةً
حتَّى اشْتَرَى قَلْبِي وصَارَ السَّاجِنَا

والقَلْبُ يَقْرَعُ بَابَ صَدْرِي مُفْزَعاً
كَمُطَارَدٍ يَرْجو مَلاذاً آمِنَا

مِن حِينَ لَفَّعَنِي الغِيابُ بِشَالِهِ
والبيتُ يَحْضُر فِي مَنامِيَ حاضِنَا

هذَا مَصِيرِي الحرُّ
أنْهَارٌ مَشَتْ مِنْ غَيْمَةٍ
حتَّى تُقِيمَ مدائِنَا

كَمْ بُحْتُ صِحْتُ ارْتَحْتُ لُحْتُ كأنَّ بِي
وَحْياً أتَانِي كالنَّبِي أو شَاطِنَا

صَمْتٌ مَهِيبٌ أقْنَعَ العصفُورَ بِي
وأتَى عَلَى رأسِي فعَشَّشَ ساكِنَا

لمَّا رأى عَيْنِي وحدَّقَ رائِشاً
آلَفْتُ في عَيْنَيهِ تِلكَ مَطاحِنَا

مَا خَافَ منِّي – وهْوَ أخْضَرُ ظامِئٌ –
وأنَا سَرابٌ قاد نَهْراً آسِنَا

يَبدو كَلانَا تائِهَينِ

بِلا خُطَى غرَّاءَ

تُوضِحُ للغَريبِ مكانَنَا

يا وِجْهَةً لَمْ أدْرِ بَعْدُ طَرِيقَهَا

وأنَا هُوِيَّتُها ولَسْتُ بِهَا أنَا

هيَّا إلِيَّ فَلَسْتُ أوَّلَ تائِهٍ

فِي عُمْرِهِ يُحْصِي السِّنينَ مدافِنَا

4 | غيمٌ يتيمُ السَّماءِ

المطرُ رَسولُ البحْرِ،

صدَّقَتْهُ الأشْجَارُ وكذَّبْت بِهِ الجبالُ،

لذلك تجِدُ البحرَ يحْمِلُ الأخشابَ على كتَفيْهِ،

ويُغْرِقُ الصُّخورَ في قاعِهِ المظلمِ.

أغنيةٌ لصُمودِ الأشجارِ

علَّمْتُ نَجْمِيَ مَعْنَى التِّيهِ والفَقْدِ

أوصيْتُه: كُنْ جَميلاً واحْتَمِلْ نَقْدِي

تَعِبْتَ؛ أعْرِفُ أنَّ التِّيهَ لَيسَ هوىً

ينتابُ قلْبَكَ بَلْ يَلقاهُ كالزّندِ

لكِنَّنَا مُخفِيا حزْمٍ وعاطِفةٍ

مِن الغُموضِ وشيء مُفْعَمِ الضِدِّ

الدَّهرُ يرقُبُ مَا نُخفِيهُ مرتَبكاً

ونَحْنُ نَرْتَكِبُ الأحلامَ عَنْ عَمْدِ

واللَّيلُ عارٍ مِنَ السمَّارِ لَا قَبَسٌ

مِلءُ النَّوافِذِ أو لُقيا بِلا رَصْدِ

كُنَّا مَسيرةَ أشجارٍ

مَشينَ عَلى الأغْصانِ

خوفاً مِنَ القُطَّافِ والحصْدِ

مُحاطَةً بِمَلامِ الرِّيحِ عاصِفةً
وبامْتِهانِ غمامٍ مُوحشِ الرَّعْدِ

لَم تَكْتَرِثْ لوعودِ العُشْبِ مُهْدَرةً
ولَمْ تُرِقْ أبداً وَرْقاً عَلَى وَرْدِ

كأنَّها فِي دروبِ الحُبِّ واقِفةٌ
وظِلُّها مُترامٍ طَالِبُ النَّجْدِ

لكنّها دائماً تغْتابُ سيرَتَها

لو أنَّ عُصفورةً غنَّتْ عَلى الخدِّ

فَهَلْ يَزالُ رِفاقِي مُورِقِينَ وَهَلْ

فاضَ الحنينُ بِهِمِ لي فِي سُدَى مُجْدي؟

إنَّا هنُا يا دُروبُ؛ اللَّيلُ صارَعَنا

والذِّكْرياتُ غدتْ ندّاً إلى ندِّ

ماجَ الزَّمانُ وعُدنْا بالحكَايةِ يَا حَياةُ

صارَ لنَا قَلْبُ الفتَى الجُنْدِي

لنا حكايَةُ طَير خانَهُ شَجرٌ
مع الشّتاءِ ولفّ العشّ في البَرْدِ

لكنّهُ لَم يَزلْ فِي العُشّ مرْتَجِفاً
يَبْقَى وحيداً لأزمانٍ بلا عدِّ

لذَا أدِرْ كأسَ حُلْمٍ مُوقِظٍ وأعِدْ
على انتبَاهِي كَلاماً ناعِسَ الجدِّ

إنّا رِجالٌ عَلى قَدْرِ المروءةِ
لَا نُكابِدُ الزمنَ الطاغِي بِلا حَمْدِ

نَاجونَ من غَرَقِ الغاياتِ

لَا هَدَفٌ إلَّا وَزارَ خُطانَا طَالِبَ الوِدِّ

هذِي سُيوفُ الحياةِ اشتَقْنَ صُحبَتَنا

كأنَّنا قَدْ خُلِقْنَا مِن رُؤَى الغِمْدِ

حيناً نُرقِّقُ إحْسَاساً

وَنُطْلِقُه مُبَهْرَجاً مِنْ شُرودٍ جالَ في الخَلْدِ

وآخَراً نتمطَّى سخْطَهُ

وكأنَّنَا أيادٍ تُعرِّي سوأةَ القدِّ

ويَا حياةُ اكْتَفَيْنَا مِنْكِ مازِحةً

فيكِ السَّقامُ وفيكِ أُلْفَةُ العَوْدِ

وفِيكِ مِنْ فِتْنَةِ الآمالِ مِصْيَدَةٌ

خَجْلَى مُحبَّبةٌ للقَلْبِ والوَجْدِ

نرَى ألاعِيبَها غرَّاءَ فِي ضَحَكٍ
وكم وَقَعْنَا هَوىً في لُعْبَةِ الصَّيْدِ

ومَا بِنَا خَبَلٌ لَكنْ سَليقَتُنا
قدْ وقَّعَتْ معَهَا يوماً عَلى عَقْدِ

فَكَمْ تُعاهِدُنا الآمَالُ قاسِيةً
لكنَّنا عَنْ هَوىً نبقَى عَلَى العهْدِ

ومُرْهَفونَ كأنَّ الحزنَ فِي دَمِنا
يضيءُ إنْ مسَّنا ذِكْرٌ مِنَ المهْدِ

وعارِفونَ كمَا لو أنَّ أوجُهَنا
خرائِطٌ ويَدينَا صَنْعةُ النَّرْدِ

وطيِّبون بكُاءُ البيتِ أخَّرَنا
عَن الرَّحيلِ وخُضْنَا في سُدَى القَصْدِ

وآثِمونَ لأنَّ الحظَّ قايضَنا
بِعطفِهِ ورَفَضْنَا دُونما كدٍّ

وغامِضونَ لأنَّا حينَ مولدِنا
قَالوا: بأنَّ ضَحكَنَا ضِحكَةَ الشَّهْدِ

لَم نَكْترث لأسَى جَانٍ على غَدِنا؛
ولَمْ يَكُنْ لِابْتِهاجِ الحُزنِ من بُدِّ

فاستيقِظي يا حياةُ اليوم موعِدنا
لقد تعثَّرت الأيَّامُ فِي السُّهْدِ

دُوربُنا وعَدَتْنا أنَّ نَجْمَتَها
تَهْدِي؛ فِضَعْنَا معاً، يَا نَجْمةُ انهدِّي

هيَّا أضيئِي؛ نُنادِمْ تَيهَنا ضَحِكاً؛
ولنَرْتَكِبْ فِي الأغانِي خَمْرَةَ المجدِ

آن أَنْ نفلِتَ الشيءَ

سَتمُرُّ عَليكَ

مُرورَ مَناقِيرِ طَيرٍ عَلَى مَرْشَفِ النَّهْرِ

ثُمَّ تَطيرُ ولا تَسْتَديرُ

اللَّيالي

وأعْرِفُ أنَّكَ تَجْرِي مِن العالَمِ الذِّئْبِ

للعَالَم الوَعْل

في زَمَنٍ يُثْمِرُ النَّبْتُ من جذْرِهِ

وتَسِيحُ الغُصونُ

وأفْهَمُ كفَّيك

كَمْ تُقْبَضَانِ لِئلَّا تُفكَّ سَلاسِلُ وَحْشِك

يَا كَمْ تَسيرَانِ مِنْ نَغَمٍ فِي المسَاء عَلَى إصبْعٍ، إصْبَعِين

وكَمْ تُبْسَطَانِ إلَى قَمَرٍ فِي الفَراغِ

وكَمْ تَمْسَحَانِ عَلَى رأسِكَ الهشّ عنْدَ التَذَكُّر

بَينكَ مَاذَا وبَينَ الحَياةِ

السَفِينَة عَادَتْ مُجربةً ألفَ ثَقْبٍ وخَرْقٍ

ومَا شَقَّهَا غيرُ من قفَزوا

دَعْكَ من ذَاك

أنْتَ تُحِبُّ الحَيَاة مُغَمَّسَةً فِي غمار التَطلُّع

هل نتمشَّى قَليلاً ببطءٍ

كأنَّ نَدَى لَامِعاً يَتشبَّثُ بالغُصْن قَبلَ انْدلاع الفراقِ

وألْقِ السَّلامَ بِعَيْنَينِ لامعتين عَلَى الأفْق

لا متغافِلتَينِ

فإنَّ الغمَامَةَ تجهش بالكبرياء

إلَى أن يَجِفَّ المطَرْ

وانظُرِ الآن

هذِي الشَّوارِعُ تَسْتَرْوِحُ العابِرين من الخطوات الثقِيلَة
والرِّيحُ مرْهَقَةٌ من شَهِيقِ العبُورْ
والزّحامُ اسْتَراحَ من الكائِنات
وسَارَ إلَى خَاطِرِ المتْعَبِين

أليسَ لِعُشْبٍ عَلَى ضفَّةِ النَّهرِ مُفْتَرِشٌ!
وهْو يرمِي عَن الذِّكْريات خَطيئَاتِه
يتخفَّفُ مِنْ صَبْرِه
والمَواعِيدِ مَبْتُورَةِ الوعْدِ والواعِدين
ويطْرُدُ هَادِرَةَ البَشَرِيِّين مِن بَالِه

يتأمَّلُ هذَا الفَراغَ الكَثير

ويُنْصِتُ مِن رِئتيهِ لمعزوفَةٍ تَتَموْسَقُ مِنْ مَرْوَحِ الفَجْرِ

إنَّــكَ يا صاحبي فُتَّ مَا فَاتِت الثَمَّرَاتُ أحَايين مَا سَــقطَتْ مِنْ

حَصاةِ الصِّغَارِ

ومَا أدْرَكَتْ رَقْصَةَ الرِّيحِ فِي موسمٍ للنُّضوجِ

وقَدْ آنَ يَا صاحِ

أنْ نسْتَرِدَّ الحَياةَ مِن الخَوفِ

قَدْ آنَ أن نُفْلِتَ الشَّيءَ دُونَ ارْتِكابِ الودَاعِ

كَمَا يُفْلِتُ الغُصْنُ أوْرَاقَهُ فِي الخرِيفِ

ودُونَ الحَنينِ إليهِ

كَمَا يَهْجُرُ الطَّيرُ أعْشَاشَهُ فِي الشِّتَاءِ

ودُونَ الكَلامِ عَليهِ

كَمَا تَتَناسَى الحدِيقَةُ وَحْدَتَها في الرَّبِيع

وقَدْ آنَ أن نُرِيَ الشَّمْسَ جَبْهَتَنا

كَيْ تُصدِّقَ – رغْماً عن القَمر الغرِّ – بَهْجَتَنا

للنَّوافِذِ مَنْ؟

حِينَ تَشْتَاقُ نَظْرَةَ شَاعِرِها فِي النَّهَارِ!

ومَنْ للمدَى

حِينَ ينظُرُ مِنْ ثغْرَةٍ في الضَّبابِ

فلا يَتَحسَّسُ ضَوءَ المغَامِرِ!

مَنْ للحَياةِ إذَا اشْتَاقَت الطُّرُقَات الخُطَى

والذِّئابُ القَوافِلَ

واللَّيلُ موقدةً وغِناءً ورَقْصاً!

ومَنْ لَكَ حِينَ خَرجْتَ ولَمْ يَكُ بالخَارِجِ المشْتَهَى أحَدُ!

نسيَ حُلمَهُ

تَعِبْتَ مِنَ الرَّكْضِ خَلفَ مدَى شاحِبٍ

وتُحاوِلُ وَعْظَ الطَّريقِ بأنْ تَسْتَقِيمَ

ولَا تتمدَّدَ كالشَّمْسِ فَوقَ البِحارِ

تُحاوِلُ أنْ تسْتَلِذَّ بحُلْمِكَ قَبْلَ الوصُولِ

فلا تتذكَّرُ مَا كَان حُلمُ الطُّفولَةِ!

قُلْ أينَ أودَعْتَهُ؟

فِي مكَانٍ بعيدٍ عَنِ الصَّخَبِ الوطَنيِّ

وعن أغنياتِ المنافي

وعن خاطراتِك؟

أمْ فِي دِيارٍ تُنوِّرُها سَهرَاتُ الأحبَّةِ

أم فِي فَتاةٍ تُربِّي اصْفِرارَكَ حتَّى غُروبِ الخِريفِ
ولكِنَّكَ الآنَ لا تتذكَّرُه!
جَالِسٌ تحْتَ ظلٍّ وحِيدٍ
تُحدِّثُ جِذْعاً ذَبيحاً عَنِ الشَّجَراتِ السَّعيدةِ في الحَقْلِ
تَحْكِي لقشِّ التُّرابِ حكايَةَ عُشِّ الحمامِ
وتلْمَحُ فِي دَمْعهِ حُلْمَ عُشْبٍ نديٍّ
وتَبْكِي غَماماً تغرَّبَ عَنْ أفْقِهِ
وتناثَرَ مِثلَ رِياحِ الطَّواحِينِ
غنَّيْتَ: هذي الحياةُ اغْتِرابْ

وغَيبٌ سَرابْ

وفَجْرٌ يَجيءُ إلَى شُغْلِهِ مرهقاً

وبِلادٌ تُعتِّمُنا وتُضيءُ الخرَابْ

فقُمْ يَا شَرِيدُ ورَبِّ رياحَكَ

ثائِرَةً لا تُسيءُ إلَى شَجَرٍ

بَلْ تُنظِّفُ أغْصانَهُ مِنْ غُبارِ الجهاتْ

وتَخْتَبِرُ الورقَاتِ التِي تتشبَّثُ

والورقَاتِ التِي تتشهَّى الشَّتاتْ

تغرِيبَةُ البُسطاءِ

لو أنَّ صَدْرِي زُجاجٌ شَفَّ عَنْه
لَشُفْتَ طَائِراً جَفَّ مِنْ تَغرِيبَةِ البُسَطَا

يُفَاوِضُ البَرْدَ والصَيَّادَ فِي وَطَنٍ
ومَا لَهُ بَينَ خَلْقِ اللهِ
مِنْ وُسَطَا

كَمْ عَابِرٍ مَرَّ سِكِّيناً بِرِيشَتِهِ
وعَابِرٍ رَيَّشَ الأغْوَارَ وارتَبَطَا!

وإنَّنِي سَاكِنٌ فِي أفْقِ أغْنِيَةٍ
لَمْ يَمْطِرِ الغَيْظَ أو لمْ يَحْمِلِ السَّخَطَا

كَطائِرٍ جَرَّبَ الأعْشَاشَ عَالِيَهَا
ولَمْ يُجَرِّبْ كُهوفاً لا ومَا هَبَطَا

لَكِنْ يَقُولُ أبِي – والقَوسُ فِي يَدِهِ – :
لَمْ يْنجُ مَنْ حَادَ حتَّى ذَاكَرَ الوسَطَا

علامَ عاتَبَنِي طِفْلِي
وذَاكَ غَدِي مُدرَّعٌ
يَكْسِرُ الأقْلامَ والخِطَطَا!

زَارَ السُّرورُ بَيوتاً مِنْ نَوافِذِهَا
وحينَ مرَّ بِكُوخِي احْتَجَّ واشْتَرَطَا

أغْفُو بِدَرْبِيَ مِثلَ القِطِّ فِي دَعَةٍ
ودَربُنا عَربَاتٌ تَدْهَسُ القِطَطا

مَا بَالُ وَجْهِيَ – حِينَ اسْتَلَّ ذَاكِرَتِي –
فَرْداً يَبِينُ عَلى مرآتِهِ فُرُطَا

كأنْ قَطَاة تَرَى فِي النَّهْرِ صُورَتَها،
ومَا رأتْ غَيرَ مَا في الأفْقِ، سرب قَطَا

كَفَى بأنِّي خَفِيفٌ عَابِرٌ شَبَحٌ
أخْطُو ومَا أسْمِعُ التِّرْبَانَ وَقْعَ خُطَى

دعوةٌ خضراء

لَا نائِـمٌ لا غافِـلٌ لا ضَائِـعُ
أذِّنْ فقَلْبُـكَ للصَّـلاةِ الجامِـعُ

أمَّ الحنِيـنُ الذِّكْريـاتِ وربَّمـا
يتملَّـقُ الذَّنـبَ الإمامُ الخاشِـعُ

بِـكَ حاضِرٌ بَاكٍ عَلـى أزْمانِهِ
يشْتاقُ للماضِي البَعيدِ يضارِعُ

لكَ دعـوةٌ خَضْـراءُ كُلَّ تَحيّةٍ
ألَّا يُسـائِلَ عَنْـكَ حُلْـمٌ ضائِعُ

وتظنُّــهُ قدْ ضَــلَّ حِيــنَ هَجَرْتَهُ
لكنَّــه الأوَّابُ خَلفَـكَ راكِـعُ

يَلْهــو بقلبِـكَ لاهِثـاً فِــي قَيــدِهِ
حتَّــى كأنَّ القلــبَ كَلْــبٌ طائِــعُ

لا تَنْتَظِــرْ فَجْــرَ الزَّمــانِ فإنَّــهُ
فِي سِــكَّةِ الأحــلامِ لِــصٌّ قاطِعُ

يا بيتَــكَ المهجورَ يُطْــرَقُ فَجأةً
وظَلَلْتَ تسألُ مَنْ؟ وأنْتَ القارِعُ

قَـرَأَتْ نوافِذُكَ السَّـمَاءَ وطالَمَا

مِنْ حُسْـنِها قدْ غارَ بـابٌ فارِع

يَا كَمْ حَبيتَ لأجْلِ إصلاحِ البِلادِ

وإنَّـهُ خـطـأُ الـحـيـاةِ الـشـائِعُ

لا سِيَّ بينَ مُجَرِّبٍ طَبَخَ الطَّريقَ

وطـيِّـبٍ يَـهْـواهُ دَرْبٌ جائِعُ

فاتْرُكَ عمائِركَ المضيئةَ ها هُنَا

وارْكُضْ بأقصَى عتمةٍ يَا شارِعُ

اسْتَرِحْ أيُّهذا الطَّريدُ

نأَى الصَّائِدُ الطوّافُ عَنْ جَنْيَ مأْرَبِ
بِـهِ مَـا بِغُصْنٍ جمَّـروهُ بِمَحْطَـبِ

رَمَى قَوْسَـهُ، وارْتَاحَ فِـي ظِلِّ أيْكَةٍ،
ونَاشَـدَ طَيـراً بالغِنَـاءِ المحَبَّـبِ

وفَكَّـرَ فِـي نَـوْمٍ حَنِـيٍّ بِـهِ رُؤَى
تُريـقُ عَلَـى تَبْرِيحِـهِ بَسْـمَةَ الصَّبِي

هُـو الآنَ كَالقَشِّ المُذَرَّى عَلَى الرَّحَى
وأنَّـى لهـذا القَـشِّ عَـوْدٌ بِمَعْشَـبِ!

تَـغـرَّبَ عَـنْ مـرآتِـهِ وظِـلالِـهِ
وقَالَ: اتركُونِي فِـي انعِزَالِي؛ أُهَذَّبِ

أريـدُ زمَانــاً أحْتَمِــي بجَنابِــهِ
وليـسَ زمَانــاً يحْتَوِينِــي كأجْنَبــي

أهُـشُّ عَلَــى قَلْبِــي شَـقَاءً وبَهْجَــةً
كأنِّــيَ رَاعٍ ذُو شَــهِيَّةِ أذْؤُبِ

تَسَــاءَلَ عَـنْ أرْقَــى مَـداهُ مُشـوَّقاً
فألْفَــى سَــماءً فِــي شُــروقٍ ومَغْرِبِ

وغَيْمــاً حَنونــاً حِيـنَ مـرَّ بكَــى لَه:
عَلَــى أيِّ شــيءٍ فِي مَزارِكَ فاسْـكُبِ

فَـكلُّ طُلَيْـلٍ فِــي المهَاجِـرِ زُرْتُــهُ
وكُلُّ غُبــارٍ فــي البِــلادِ يُشَــمُّ بِــي

كأنَّ قَدِيمِـــي فِـــي بِـــلادِيَ لَــم يَـــزَلْ
وأنَّ المنَافِـــي فِـــي جَدِيـــدِيَ تَخْتبـــي

فــآهٍ علَـــى الأوطَـــانِ إنْ تَـــاهَ وِدُّهَـــا
وراحَ فَتاهَـــا فِـــي غَياهِـــبِ مَطْلَـــبِ

تَعِبْـــتُ مِـــنَ الرَّكْـــضِ اقتِفـــاءً لشُـــعْلَةٍ
تُنَـــوِّرُ مَـــا أغْمضْـــتُ عَيْنِـــي كثَعْلَبِ

تقَبَّلْـــتُ دَرْبِـــي وابتَسَـــمْتُ لوجهتِـــي،
وصـادَفْـــتُ أحزَانِـــي ولـــم أتعجَّـــبِ

وأدَّيـــتُ دورِي مِثْلَمَـــا ضَـــاقَ زَورقٌ
بِرُكْـــنٍ ضَئيـــلٍ عَنـــدِ حافَـــةِ مَرْكَـــبِ

خـاتِمة

رِيشَـةٌ سَقَطَتْ

وبَبُطءٍ صَبورٍ تُحاولُ أنْ تتعلَّقَ بِالرِّيحِ خائِفةً

رَيشَـةٌ تَتجذَّبُ ثَوبَ الهواءِ الشَّفيف ببطءٍ

وثمَّ ارْتطامٌ وشيكٌ

مُسارِعَةً في السُّؤالِ مُسارِعَةً

أينَ عاشَتْ وكَيفَ ذَوَتْ!

وحَدهَا الرِّيحُ تَعْرِفُ مِنْ أيِّما طائرٍ قَدْ هَوتْ

الفهرس